Francisco de Paula Victor

Aparecida Matilde Alves, fsp

Francisco de Paula Victor

História e novena

Editora responsável: Andréia Schweitzer
Equipe editorial

1ª edição – 2015

Nenhuma parte desta obra poderá ser reproduzida ou transmitida por qualquer forma e/ou quaisquer meios (eletrônico ou mecânico, incluindo fotocópia e gravação) ou arquivada em qualquer sistema ou banco de dados sem permissão escrita da Editora. Direitos reservados.

Paulinas
Rua Dona Inácia Uchoa, 62
04110-020 – São Paulo – SP (Brasil)
Tel.: (11) 2125-3500
http://www.paulinas.org.br – editora@paulinas.com.br
Telemarketing e SAC: 0800-7010081
© Pia Sociedade Filhas de São Paulo – São Paulo, 2015

Introdução

Durante o século XIX, o Brasil viveu uma situação complexa. Em 1807, ameaçada pelas forças napoleônicas, a corte real portuguesa estabeleceu-se no Rio de Janeiro. Embora começassem a surgir as primeiras instituições locais, a colônia brasileira continuava dividida em capitanias exploradas comercialmente pela monarquia. Na Capitania de Minas Gerais foram descobertas ricas jazidas de ouro, o que atraiu milhares de pessoas vindas de outras capitanias e também de Portugal.

Novas vilas nasceram – Sabará, Mariana, Caeté, Vila Rica de Ouro Preto, Diamantina, São João del-Rei – e a população ia crescendo em vista do desenvolvimento da mineração e também do tráfico de negros escravizados vindos do continente africano, que eram usados tanto nas atividades agropecuárias quanto na exploração das jazidas da região. Estes eram comercializados como mercadoria, sem que lhes fossem reconhecidos quaisquer traços de dignidade humana, e submetidos a trabalhos pesados e a todo tipo de humilhação, sofrimentos físicos e emocionais.

Mesmo após Dom Pedro I ter declarado a independência do Brasil, em 1822, o ambiente do país permanecia o mesmo e foi nele que nasceu Francisco de Paula Victor, em Campanha, MG, no dia 12 de abril de 1827, filho da escravizada Lourença Maria de Jesus.

Batizado no dia 20 de abril do mesmo ano, sua madrinha foi a senhora Mariana Bárbara Ferreira, mulher de fé e bons princípios que muito contribuiu para sua formação cristã. Não teve certidão de nascimento. O que comprova seu nascimento e idade é seu certificado de Batismo.

Sua infância transcorreu tranquila, apesar da pobreza e da discriminação. Era um menino inteligente, vivo, esperto e bom. Foram essas qualidades que lhe garantiram o estudo, embora, na época, por suas características físicas e sendo filho de escravizados, a ocupação a ele reservada teria naturalmente sido na lavoura, no garimpo ou no engenho. Ainda jovem, profissionalizou-se como alfaiate.

Com o apoio de sua madrinha, aos 21 anos de idade, Victor procurou Dom Antônio Ferreira Viçoso, bispo da Diocese de Mariana, MG, quando fazia sua visita pastoral na cidade de Campanha, manifestando-lhe seu desejo de ser padre. Dom Viçoso o acolheu com alegria e o encaminhou ao seminário de Mariana, onde ingressou em 5 de junho de 1849.

Sua passagem pelo seminário foi assinalada pela rejeição dos colegas, que frequentemente o humilhavam e o obrigavam a assumir as piores tarefas. Victor aceitava tudo com resignação e procurava cumprir bem seus encargos, servindo amorosamente a todos. Aos poucos suas virtudes foram sendo reconhecidas e os colegas passaram a respeitá-lo, vendo que sabia compreender, perdoar e amar até mesmo aqueles que o ofendiam.

Ordenado sacerdote em 14 de junho de 1851, Pe. Victor permaneceu em Campanha como vigário paroquial até 13 de junho de 1852, quando foi transferido para Três Pontas, MG, onde permaneceu até o fim de sua vida.

Assumindo a paróquia, conquistou logo o coração de todos, que o admiravam por sua dedicação, vida de oração e valores morais e espirituais. Visitava os doentes, amparava os inválidos, zelava pelas crianças, atendia com carinho a população em suas necessidades. Era assíduo na catequese e instrução de seu povo, chegando a criar a Escola Sagrada Família, por onde passaram pessoas de grande projeção social, como Dom João de Almeida Ferreira, primeiro bispo de Campanha, e o Cônego José Maria Rabelo, que foi seu vigário paroquial. Ajudou muitos filhos e filhas de famílias humildes a se tornarem pessoas cultas e que deram sua contribuição à sociedade nas mais diversas profissões.

Muito mais do que pelas palavras, Pe. Victor ensinou pelo exemplo, comunicando a fé, a esperança, a fortaleza, a prudência, a justiça, a obediência, a castidade, a temperança, a humildade, o temor a Deus e, sobretudo, a caridade. Amava a Deus nas pessoas com quem se encontrava, particularmente nas mais pobres. A todos transmitia a esperança na felicidade eterna, conquistada com o sacrifício de Jesus.

Pe. Victor, sacerdote incansável, foi sempre fiel aos ensinamentos da Igreja.

Jamais deixou seus paroquianos sem a celebração da Eucaristia. Tinha grande amor a Nossa Senhora. Pregava a união e a fraternidade, vivia das esmolas que recebia e que também distribuía. Para atender às necessidades do seu povo, chegou a contrair dívidas que pagou entregando o prédio onde funcionava a escola. Seu credor, porém, o devolveu para que nele vivesse até o fim de sua vida e favorecendo a futura construção do Hospital das Misericórdias, construído para dar continuidade à caridade pregada e vivida por Pe. Victor.

Sua vida não lhe pertencia, era dos pobres; sua casa era de todos e seus bens, de quem deles necessitasse. Cantava, com sua vida, as maravilhas do Senhor.

Faleceu em 23 de setembro de 1905, notícia que abalou toda a cidade e a região. Seu velório durou três dias, e de seu corpo, mesmo sem ter sido embalsamado, exalou o tempo todo suave perfume. Seus restos mortais, desde 1998, encontram-se num sarcófago instalado numa capela dentro da Igreja Matriz de Nossa Senhora da Ajuda, em Três Pontas.

Recordando sua vida de amor e doação, a população da cidade ergueu um monumento com seu busto em bronze, contendo os seguintes dizeres: *"Cônego Francisco de Paula Victor: sua vida foi um Evangelho – sua memória, a sagração eterna de um exemplo vivo – Homenagem ao valor e à virtude, 1929"*.

Milhares de romeiros se dirigem anualmente a Três Pontas, particularmente no dia 23 de setembro, para agradecer os favores recebidos pela intercessão de Pe. Victor. Isso levou Monsenhor João Rabello de Mesquita a iniciar, em 1962, profundo estudo de sua vida. Mais tarde, esse estudo foi levado à frente pela Associação Pe. Victor, de Três Pontas – entidade civil sem fins lucrativos que tem como um de seus objetivos a divulgação das virtudes de Pe. Victor. O postulador do processo de beatificação do santo sacerdote, iniciado em 1993 e complementado em 2002, foi Frei Paulo Lombardo, OFM, ajudado por Irmã Célia B. Cadorin, da Congregação das Irmãzinhas da Imaculada Conceição, vice-postuladora.

Em 2011, o Papa Bento XVI reconheceu a prática das suas virtudes. Em 2015, a Igreja reconheceu o primeiro milagre atribuído à intercessão de Pe. Victor: uma mulher da cidade de Três Pontas que, sem nenhum tratamento, conseguiu engravidar apesar dos problemas que, segundo a medicina, a impediriam de ter filhos. O Vaticano divulgou, então, os decretos do Papa Francisco autorizando a beatificação do primeiro afrodescendente do Brasil em 14 de novembro de 2015, mês em que se celebra o Dia da Consciência Negra no país.

PRIMEIRO DIA

O escolhido de Deus

Em nome do Pai, do Filho e do Espírito Santo. Amém.

Palavra de Deus

"O meu mandamento é este: amai-vos uns aos outros, assim como eu vos amei. Não existe amor maior do que dar a vida pelos amigos. Vocês são meus amigos se fizerem o que vos mando... Não fostes vós que me escolhestes, mas fui eu que vos escolhi. Eu vos destinei para irdes e produzirdes frutos e para que vosso fruto permaneça... o que vos mando é isto: amai-vos uns aos outros" (Jo 15,12-17).

Reflexão e exame de consciência

O que Jesus me pede com este texto de sua Palavra? Sinto-me escolhido por Jesus? Como vivo o seu mandamento do amor?

Oração

Jesus Divino Mestre, que dissestes: "Não fostes vós que me escolhestes, mas fui eu que vos escolhi", chamastes ao sacerdócio Francisco de Paula Victor e o enriquecestes com o brilho de todas as virtudes, especialmente com a caridade, expressa na dedicação generosa às crianças, aos mais pobres e aos desvalidos. Nós vos damos graças pelo bem que Pe. Victor fez nesta terra e vos pedimos que nos concedais imitá-lo nesta vida para que vos possamos contemplar e glorificar na eternidade. E por seus méritos e intercessão, inspirai os sacerdotes, religiosos e missionários a serem santos e fiéis ao projeto de amor de Deus Pai. Dai-lhes, Senhor, as graças de que necessitam no seu ministério, e concedei-nos também a graça que hoje vos pedimos (*fazer o pedido*). Em vós depositamos nossa confiança, ó Divino Mestre. Amém.

Pai-Nosso, Ave-Maria, Glória.

Pe. Victor, apóstolo da caridade, rogai por nós.

SEGUNDO DIA

Coração de ouro

Em nome do Pai, do Filho e do Espírito Santo. Amém.

Palavra de Deus

"Se ficardes unidos a mim e minhas palavras permanecerem em vós, pedi o que quiserdes e vos será concedido. A glória de meu Pai se manifesta quando produzis muitos frutos e vos tornais meus discípulos... Permanecei no meu amor" (Jo 15,7-11).

Reflexão e exame de consciência

O que Jesus me pede com este texto de sua Palavra? Sinto-me escolhido e amado por Jesus? O que tenho feito para meus irmãos mais necessitados que vivem ao meu lado?

Oração

Jesus Divino Mestre, que dissestes: "A glória de meu Pai se manifesta quando produzis muitos frutos e vos tornais meus discípulos", chamastes ao sacerdócio Francisco de Paula Victor e lhe destes a graça de ser vosso fiel servidor na busca e na construção do Reino dos céus. Por sua intercessão nós vos pedimos que a Igreja se torne sempre mais amiga dos pobres, dos humildes e dos simples. Concedei-nos um coração ardente de amor a vós e ao próximo. Dai-nos, Senhor, as graças de que necessitamos na caminhada e particularmente a graça que hoje vos pedimos (*fazer o pedido*). Em vós depositamos nossa confiança, ó Divino Mestre. Amém.

Pai-Nosso, Ave-Maria, Glória.

Pe. Victor, apóstolo da caridade, rogai por nós.

TERCEIRO DIA

Educador da fé pelo exemplo

Em nome do Pai, do Filho e do Espírito Santo. Amém.

Palavra de Deus

"Vós sois meus amigos, se fizerdes o que vos mando. Eu já não vos chamo servos, pois o servo não sabe o que faz o seu senhor; eu vos chamo amigos porque vos comuniquei tudo o que ouvi de meu Pai... Se o mundo vos odiar, sabei que odiou antes a mim. Se fôsseis do mundo, o mundo vos amaria, mas o mundo vos odiará porque não sois do mundo, pois eu vos escolhi e os tirei do mundo" (Jo 15,14-15.18-19).

Reflexão e exame de consciência

O que Jesus me pede com este texto de sua Palavra? Como respondo à amizade e confiança de Jesus para comigo?

Oração

Jesus Divino Mestre, que dissestes: "Eu vos chamo amigos porque vos comuniquei tudo o que ouvi de meu Pai", chamastes ao sacerdócio Francisco de Paula Victor e lhe destes o dom da oração e do serviço. Assim como pregou a todos a fé, a esperança, a fortaleza, a justiça, a castidade, a temperança, a humildade, o temor de Deus e, sobretudo, a caridade, com seu próprio exemplo mais do que com palavras, que aprendamos do Pe. Victor o empenho cotidiano na santidade, na fidelidade à nossa fé e no serviço aos nossos irmãos. Dai-nos, Senhor, as graças de que necessitamos e que hoje vos pedimos (*fazer o pedido*). Em vós depositamos nossa confiança, ó Divino Mestre. Amém.

Pai-Nosso, Ave-Maria, Glória.

Pe. Victor, apóstolo da caridade, rogai por nós.

QUARTO DIA

Modelo de sacerdote zeloso

Em nome do Pai, do Filho e do Espírito Santo. Amém.

Palavra de Deus

"Não fique perturbado o vosso coração. Credes em Deus, acreditai também em mim. Existem muitas moradas na casa de meu pai. Se não fosse assim, eu vos teria dito, porque vou preparar-vos um lugar. E quando eu for e vos tiver preparado um lugar, voltarei e vos levarei comigo, para que, onde eu estiver, estejais vós também. E para onde eu vou, já conheceis o caminho". Tomé disse a Jesus: "Senhor, não sabemos para onde vais, como podemos saber o caminho?" Jesus respondeu: "Eu sou o Caminho, a Verdade e a Vida" (Jo 14,1-7).

Reflexão e exame de consciência

O que Jesus me pede com este texto de sua Palavra? Acredito e confio verdadeiramente em Jesus?

Oração

Jesus Divino Mestre, que dissestes: "Eu sou o Caminho, a Verdade e a Vida...", chamastes ao sacerdócio Francisco de Paula Victor, de quem se afirmou: "Sua vida não lhe pertencia, era dos pobres; sua casa era de todos e seus bens, de quem deles necessitasse". Seus atos e atitudes eram de alguém que, com os pés na terra, "cantava as maravilhas do Senhor". Dai-nos a graça de imitá-lo na prática do vosso Evangelho, na busca cotidiana da santidade, e concedei-nos as graças de que necessitamos e vos pedimos (*fazer o pedido*). Em vós depositamos nossa confiança, ó Divino Mestre. Amém.

Pai-Nosso, Ave-Maria, Glória.
Pe. Victor, apóstolo da caridade, rogai por nós.

QUINTO DIA

Exemplo vivo de caridade

Em nome do Pai, do Filho e do Espírito Santo. Amém.

Palavra de Deus

"Se eu não tivesse vindo e não tivesse falado para eles, não seriam culpados de pecado. Mas agora eles não têm nenhuma desculpa do seu próprio pecado... Se eu não tivesse feito no meio deles obras como nenhum outro fez, eles não seriam culpados de pecado. Mas eles viram o que eu fiz e, apesar disso, odiaram a mim e a meu Pai... O Paráclito que eu vos mandarei é o Espírito da verdade... ele dará testemunho de mim. E vós também dareis testemunho de mim, porque estais comigo desde o começo" (Jo 15,22-27).

Reflexão e exame de consciência

O que Jesus me pede com este texto de sua Palavra? Minhas atitudes, minhas palavras, meu modo de ser dão testemunho de Jesus?

Oração

Jesus Divino Mestre, que dissestes: "Vós também dareis testemunho de mim...", chamastes ao sacerdócio Francisco de Paula Victor, ex-escravizado, homem simples, capaz de iniciativas invejáveis no âmbito da fé, da evangelização e da atuação social; um filho da paz, mestre e pároco zeloso, que a todos contagiava com sua serenidade, capacidade de perdão e alegria silenciosa. Dai-nos as graças de que necessitamos e que hoje vos pedimos (*fazer o pedido*). Em vós depositamos nossa confiança, ó Divino Mestre. Amém.

Pai-Nosso, Ave-Maria, Glória.

Pe. Victor, apóstolo da caridade, rogai por nós.

SEXTO DIA

Dedicação generosa e alegre

Em nome do Pai, do Filho e do Espírito Santo. Amém.

Palavra de Deus

"Eu vos deixo a paz, eu vos dou a minha paz. A paz que eu vos dou não é a paz que o mundo dá. Não fiqueis perturbados, nem tenhais medo... Eu vou, mas voltarei. Se me amásseis ficaríeis alegres porque eu vou para o Pai, pois o Pai é maior do que eu... e é por isso que faço tudo o que o Pai me mandou" (Jo 14,27-31).

Reflexão e exame de consciência

O que Jesus me diz com este texto de sua Palavra? Sou portador da paz de Jesus?

Oração

Jesus Divino Mestre, que dissestes: "Eu vos deixo a paz, eu vos dou a minha paz...", chamastes ao sacerdócio o Bem-aventurado Francisco de Paula Victor, homem marcado pela santidade mesmo diante das humilhações que sofreu, inclusive no seminário, onde seus colegas não o aceitavam por ser negro. Pe. Victor foi sempre um filho da paz e jamais guardou rancores, pároco zeloso que traduziu o Evangelho na caridade e no serviço aos irmãos. Que aprendamos também a oferecer a Deus os sacrifícios de cada dia, carregando com Jesus a nossa cruz. E dai-nos as graças de que necessitamos (*fazer o pedido*). Em vós depositamos nossa confiança, ó Divino Mestre. Amém.

Pai-Nosso, Ave-Maria, Glória.

Pe. Victor, apóstolo da caridade, rogai por nós.

SÉTIMO DIA

Luz radiante iluminando vidas

Em nome do Pai, do Filho e do Espírito Santo. Amém.

Palavra de Deus

"Vós sois a luz do mundo. Não pode ficar escondida uma cidade construída sobre um monte. Ninguém acende uma lâmpada para colocá-la debaixo de uma vasilha, e sim para colocá-la no candeeiro, onde ela brilha para todos os que estão em casa. Assim também brilhe a vossa luz diante dos homens, para que eles vejam as boas obras que fazeis e louvem o Pai que está nos céus" (Mt 5,14-16).

Reflexão e exame de consciência

O que Jesus me diz através deste trecho do Evangelho de Mateus? Sou uma luz que aponta para Jesus e que brilha no caminho das pessoas, ou transmito escuridão?

Oração

Jesus Divino Mestre, que dissestes: "Eu sou a luz do mundo... assim também brilhe a vossa luz", chamastes ao sacerdócio Francisco de Paula Victor, exemplo vivo de caridade gravado na memória do povo que, na sua perspicácia, descobre nele, ainda hoje, os sinais da santidade. Ele realmente é uma luz que brilhou em vida e continua a brilhar no coração das pessoas, agora que está junto do Pai. Que aprendamos com ele a sermos pessoas de Deus, traduzindo na nossa vida de cada dia o Evangelho. E dai-nos as graças de que necessitamos (*fazer o pedido*). Em vós depositamos nossa confiança, ó Divino Mestre. Amém.

Pai-Nosso, Ave-Maria, Glória.

Pe. Victor, apóstolo da caridade, rogai por nós.

OITAVO DIA

Homem de Deus para a Igreja

Em nome do Pai, do Filho e do Espírito Santo. Amém.

Palavra de Deus

Disse Jesus: "Felizes os pobres em espírito, porque deles é o Reino do Céu. Felizes os aflitos porque serão consolados. Felizes os mansos porque possuirão a terra. Felizes os que têm fome e sede de justiça, porque serão saciados. Felizes os misericordiosos, porque encontrarão misericórdia. Felizes os puros de coração, porque verão a Deus. Felizes os que promovem a paz, porque serão chamados filhos de Deus..." (Mt 5,3-12).

Reflexão e exame de consciência

Faço das bem-aventuranças proclamadas por Jesus meu código de santidade? Qual delas percebo que devo retomar e viver melhor na minha caminhada cristã?

Oração

Jesus Divino Mestre, que dissestes: "Felizes os pobres... os aflitos... os mansos... os que têm fome e sede de justiça... os que são misericordiosos... os puros de coração... os pacíficos...", chamastes ao sacerdócio Francisco de Paula Victor, fidelíssimo aos ensinamentos da Igreja; pregador firme e corajoso da união e da fraternidade, da justiça e da fé; presença de alento, segurança e esperança a seus paroquianos, em todas as suas necessidades. Enviai a nossa Igreja santas vocações sacerdotais e religiosas e dai-nos a graça que hoje vos pedimos (*fazer o pedido*).

Em vós depositamos nossa confiança, ó Divino Mestre. Amém.

Pai-Nosso, Ave-Maria, Glória.

Pe. Victor, apóstolo da caridade, rogai por nós.

NONO DIA

Homem da Igreja para Deus

Em nome do Pai, do Filho e do Espírito Santo. Amém.

Palavra de Deus

Filipe disse a Jesus: "Senhor, mostra-nos o Pai e isto nos basta". Jesus respondeu: "Faz tanto tempo que estou no meio de vós e não me conheceis, Filipe? Quem me viu, viu o Pai. Como é que dizes: mostra-nos o Pai? Não acreditais que eu estou no Pai e que o Pai está em mim? As palavras que vos digo, não as digo por mim mesmo, mas o Pai que permanece em mim, ele é que realiza as suas obras... Acreditai em mim: eu estou no Pai e o Pai está em mim" (Jo 14,8-11).

Reflexão e exame de consciência

O que Jesus me pede com estas palavras? Como tenho vivido e transmitido a fé que recebi no Batismo?

Oração

Jesus Divino Mestre, que dissestes: "Acreditai em mim: eu estou no Pai e o Pai está em mim... se pedirdes qualquer coisa em meu nome, eu o farei", chamastes ao sacerdócio Francisco de Paula Victor, amigo dos pobres, dos humildes e dos simples, e lhe destes a graça de ser vosso fiel servidor na busca do Reino dos céus. Homem de Deus e da Igreja, ele levava a Deus as súplicas do povo e levava ao povo a mensagem de Deus, conduzindo as pessoas e a comunidade no caminho do bem e da virtude. Fortalecei a vossa Igreja na fé, concedei-nos gozar no céu o prêmio de uma vida santa e dai-nos as graças que vos pedimos durante esta novena (*fazer o pedido*). Em vós depositamos nossa confiança, ó Divino Mestre. Amém.

Pai-Nosso, Ave-Maria, Glória.

Pe. Victor, apóstolo da caridade, rogai por nós.

Coleção Nossas Devoções

- *A Senhora da Piedade*. Setenário das dores de Maria – Aparecida Matilde Alves
- *Albertina Berkenbrock*. Novena e biografia – Sérgio Jeremias de Souza
- *Divino Espírito Santo*. Novena para a contemplação de dons e frutos – Mons. Natalício José Weschenfelder e Valdecir Bressani
- *Dulce dos Pobres*. Novena e biografia – Marina Mendonça
- *Frei Galvão*. Novena e história – Pe. Paulo Saraiva
- *Imaculada Conceição*. Novena ecumênica – Francisco Catão
- *Jesus, Senhor da vida*. Dezoito orações de cura – Francisco Catão
- *João Paulo II*. Novena, história e orações – Aparecida Matilde Alves
- *João XXIII*. Biografia e novena – Marina Mendonça
- *Maria, Mãe de Jesus e Mãe da humanidade*. Novena e coroação de Nossa Senhora – Aparecida Matilde Alves
- *Menino Jesus de Praga*. História e novena – Giovanni Marques
- *Nhá Chica*. Novena, história e orações – Aparecida Matilde Alves
- *Nossa Senhora Achiropita*. Novena e biografia – Antonio S. Bogaz e Rodinei Thomazella
- *Nossa Senhora Aparecida*. História e novena – Maria Belém
- *Nossa Senhora da Cabeça*. História e novena – Mario Basacchi
- *Nossa Senhora da Luz*. Novena e história – Maria Belém
- *Nossa Senhora da Penha*. Novena e história – Maria Belém
- *Nossa Senhora da Salete*. História e novena – Aparecida Matilde Alves
- *Nossa Senhora das Graças ou Medalha Milagrosa*. Novena e origem da devoção – Mario Basacchi
- *Nossa Senhora de Caravaggio*. História e novena – Pe. Volmir Comparin e Pe. Leomar Antônio Brustolin
- *Nossa Senhora de Fátima*. Novena e história das aparições aos três pastorzinhos – Mons. Natalício José Weschenfelder
- *Nossa Senhora de Guadalupe*. Novena e história das aparições a São Juan Diego – Maria Belém
- *Nossa Senhora de Lourdes*. História e novena – Mons. Natalício José Weschenfelder
- *Nossa Senhora de Nazaré*. Novena e história – Maria Belém

- *Nossa Senhora Desatadora dos Nós*. História e novena – Frei Zeca
- *Nossa Senhora do Bom Parto*. Novena e reflexões bíblicas – Mario Basacchi
- *Nossa Senhora do Carmo*. Novena e história – Maria Belém
- *Nossa Senhora do Desterro*. História e novena – Celina H. Weschenfelder
- *Nossa Senhora do Perpétuo Socorro*. História e novena – Mario Basacchi
- *Nossa Senhora Rainha da Paz*. História e novena – Celina Helena Weschenfelder
- *Novena à Divina Misericórdia*. Santa Maria Faustina Kowaslka, história e orações – Tarcila Tommasi
- *Novena do Bom Jesus* – Francisco Catão
- *Ofício da Imaculada Conceição*. Orações, hinos e reflexões – Cristóvão Dworak
- *Orações do cristão*. Preces diárias – Celina H. Weschenfelder (org.)
- *Padre Pio*. Novena e história – Maria Belém
- *Paulo, homem de Deus*. Novena de São Paulo, Apóstolo – Francisco Catão
- *Reunidos pela força do Espírito Santo*. Novena de Pentecostes – Tarcila Tommasi
- *Rosário por uma transformação espiritual e psicológica* – Gustavo E. Jamut
- *Rosário dos enfermos* – Aparecida Matilde Alves, fsp
- *Sagrada face*. História, novena e devocionário – Giovanni Marques
- *Sagrada Família*. Novena – Pe. Paulo Saraiva
- *Sant'Ana*. Novena e história – Maria Belém
- *Santa Cecília*. Novena e história – Frei Zeca
- *Santa Edwiges*. Novena e biografia – J. Alves
- *Santa Filomena*. História e novena – Mario Basacchi
- *Santa Joana d'Arc*. Novena e biografia – Francisco de Castro
- *Santa Luzia*. Novena e biografia – J. Alves
- *Santa Paulina*. Novena e biografia – J. Alves
- *Santa Rita de Cássia*. Novena e biografia – J. Alves

- *Santa Teresinha do Menino Jesus.* Novena e biografia – Mario Basacchi
- *Santo Afonso de Ligório.* Novena e biografia – Mario Basacchi
- *Santo Antônio.* Novena, trezena e responsório – Mario Basacchi
- *Santo Expedito.* Novena e dados biográficos – Francisco Catão
- *São Benedito.* Novena e biografia – J. Alves
- *São Bento.* História e novena – Francisco Catão
- *São Cosme e São Damião.* Biografia e novena – Mario Basacchi
- *São Cristóvão.* História e novena – Pe. Mário José Neto
- *São Francisco de Assis.* Novena e biografia – Mario Basacchi
- *São Geraldo Majela.* Novena e biografia – J. Alves
- *São Guido Maria Conforti.* Novena e biografia – Gabriel Guarnieri
- *São José.* História e novena – Aparecida Matilde Alves
- *São Judas Tadeu.* História e novena – Maria Belém
- *São Marcelino Champagnat.* Novena e biografia – Ir. Egídio Luiz Setti
- *São Miguel Arcanjo.* Novena – Francisco Catão
- *São Pedro, Apóstolo.* Novena e biografia – Maria Belém
- *São Sebastião.* Novena e biografia – Mario Basacchi
- *São Tarcísio.* Novena e biografia – Frei Zeca
- *São Vito, mártir.* História e novena – Mario Basacchi
- *Tiago Alberione.* Novena e biografia – Maria Belém

Impresso na gráfica da
Pia Sociedade Filhas de São Paulo
Via Raposo Tavares, km 19,145
05577-300 - São Paulo, SP - Brasil - 2015